Gert Wiescher

Crostini & Panini

Einfach Köstlich

GERT WIESCHER

CROSTINI & PANINI

EDLE SANDWICHES AUS ITALIEN FÜR JEDE GELEGENHEIT

MARY HAHN

Lektorat: Isabelle Fuchs, Anja Beck
Umschlaggestaltung: Wolfgang Heinzel
Umschlagfoto: Stockfood/Eisig
Fotos: Hellmann's: S. 5, 9, 46, 57; Carl Kühne KG, Hamburg: S. 6;
Langguth Wein-Service, Sprockhövel: S. 15; Rama: S. 39, 45;
Gert Wiescher: S. 3, 5, 10, 12, 17, 19, 21, 23, 24, 27, 29, 31, 32, 35, 41, 43, 49, 51, 53, 55, 59, 61, 63

Verlag und Autor danken den genannten Firmen
für die freundliche Unterstützung bei der Entstehung dieses Buches.

Layout: Wolfgang Heinzel
Herstellung und Satz: Angelika Geiß
Reproduktion: EPS, München

Druck und Bindung: Proost, Turnhout
Printed in Belgium
ISBN 3-87287-451-9

CROSTINI & CO

CROSTINI & CO

Pizza, Pasta, Basta! Seien wir doch mal ehrlich, trotz der vielen ausgezeichneten italienischen Restaurants, die es glücklicherweise bei uns gibt, beschränken wir uns in der Regel auf Pizza und Pasta. Aber auch italienische Mütter bereiten ihren Kindern schnell mal als Zwischenmahlzeit ein paar Brote. Nur werden wir Deutschen erst jetzt so langsam mit ihnen bekannt.

Crostini, Panini, Bruschetta, Tramezzino sind allesamt lautere italienische Köstlichkeiten. Die italienische Küche kennt eine Unzahl belegter Brote. Viele werden zuerst getoastet und danach mit kalten Zutaten belegt. Es gibt auch welche, die in umgekehrter Reihenfolge zubereitet werden, sie werden zuerst belegt und dann in den Grill gestellt. Diese Sorten nennt man deshalb Bruschette, weil sie vor dem Überbacken mit Olivenöl »eingebürstet« werden.

Crostini sind »kleine Toasts«, die manchmal ebenfalls mit Olivenöl bestrichen werden, so ganz genau sind die Grenzen zur Bruschetta nicht auszumachen. Crostini werden, wie französische Croûtons, auch als Einlage für Suppen verwendet.

Panini sind einfach belegte Brötchen oder Brote. Tramezzini bestehen immer aus Toastbrot, getoastet oder ungetoastet, die mit sehr phantasievollen Aufstrichen veredelt werden. An jeder besseren Autobahnraststätte kann man sie finden, mehr oder weniger matschig, mehr oder weniger gut.

Italien ist für mich das Land der Tomate und nicht das der Pasta. Denn was wäre Pasta ohne Tomaten? Diesen Paradiesapfel gibt es bei unserem südlichen Nachbarn in jeder nur erdenklichen Art. In Neapel soll es noch Tomaten geben, die an der Rispe vors Fenster gehängt, den ganzen Winter über frisch bleiben. Das nenne ich praktische Vorratshaltung! Das Angebot an Tomaten in Italien ist beneidenswert vielfältig. Fast das ganze Jahr über gibt es dort Strauch-, Eier-, Fleisch- und Cocktailtomaten in sehr guter Qualität. Von daher ist es nicht verwunderlich, daß viele Brotbeläge auf diesem köstlichen Gewächs basieren.

KLEINE BROTKUNDE

In diesem Buch werden in erster Linie vier Brotsorten verwendet; Baguette für die Bruschette und Panini, Toastbrot für die Tramezzini, Ciabatta für einige Panini und Toskanabrot für die restlichen Rezepte. Selbstverständlich lassen sich viele Rezepte auch mit anderen Brotsorten erfolgreich zubereiten, aber für die »Originalrezepte« sollten nach Möglichkeit die angegebenen Sorten eingesetzt werden.

Toastbrot kennen wir alle als das meist nach nichts schmeckende, fertig in Scheiben geschnittene Fabrikbrot mit der Plastikhülle. Jeder gute Bäcker bietet aber Kastenweißbrot aus eigener Herstellung an, das auf Wunsch maschinell in Scheiben geschnitten wird. Es ist in fast jedem Fall dem Fabrikprodukt vorzuziehen, auch wenn die Scheiben nicht so hundertprozentig quadratisch sind.

Baguette oder Stangenbrot wird in drei Größen angeboten. Das ganze dünne wird als »Ficelle« (Schnürchen) bezeichnet, diese Baguetteart erhält man nur in speziellen Feinkostläden oder in sehr gut sortierten Bäckereien. Die normale Größe hingegen findet man in jedem durchschnittlichen Supermarkt, schließlich gibt es noch das sogenannte »Gastronomique« oder »Gros Pain«, also die dickste Version. Wenn man das normale Baguette schräg schneidet, erhält man schon ganz stattliche Scheiben, für Bruschette und Panini ist jedoch das dicke Baguette am geeignetsten. Im Zuge der gesunden Ernährungswelle werden alle drei Größen auch als Vollkornversionen angeboten, die besonders kräftig im Geschmack sind.

Ciabatta heißen in Italien die Filzpantoffeln, »dicke Hülle, mit viel Luft drin«, hat mir mein Stehitaliener an der Ecke pragmatisch erklärt. Tatsächlich wird das sehr luftige Brot von einer dicken Kruste zusammengehalten. Ciabattabrot ist immer für eine Überraschung gut, denn oft stößt man beim Anschneiden tatsächlich auf riesige Luftblasen. Kleine Ciabatta-Brote, die ungefähr so groß sind wie ein deutscher Doppelwecken, eignen sich dagegen immer zum Füllen, auch wenn sie nur eine einzige Luftblase sind. Aufgrund der steigenden Nachfrage ist Ciabatta nun auch in vielen deutschen, österreichischen und schweizerischen Bäckereien erhältlich.

Toskanabrot wird ohne Salz hergestellt, deswegen hat es seinen ganz eigenen Charakter. Durch das Rösten oder Grillen karamelisiert der Zuckeranteil, und da das

Salz fehlt, schmeckt es danach süßlicher als jedes andere Brot. Sollten Sie kein Toskanabrot finden, können Sie alternativ auch auf das französische »Pain Boulot« (Kugelbrot) oder auf normales deutsches Weißbrot zurückgreifen, geschmacklich ist Toskanabrot aber besser.

Grundsätzlich gilt, verlangen Sie mehr Leistung von Ihren Lieferanten, Sie werden überrascht sein, wozu Bäcker in unseren Breiten in der Lage sind. Warum sollten die gut ausgebildeten Bäcker nicht imstande sein, auch ausgefallene Wünsche zu erfüllen? Im Zweifelsfall hilft ein Wink mit einem italienischen Backrezept, um den Ehrgeiz des Betreffenden anzustacheln!

TOMATENWÜRFEL HERSTELLEN

Für viele Rezepte in dem vorliegenden Buch benötigen Sie Tomatenwürfel aus frischen Tomaten. Nehmen Sie möglichst aromatische, feste Früchte mit geringem Wasseranteil, damit Crostini & Co. gut gelingen. In Winter und Frühjahr können Sie auf kanarische Tomaten zurückgreifen, während der Sommer- und Herbstzeit bieten die Gemüsemärkte reichlich Auswahl.

Für Tomatenwürfel die Tomaten jeweils oben mit einem scharfen Messer über Kreuz leicht einritzen. Kochend heiß überbrühen oder auf einer Schaumkelle einige Sekunden in kochendes Wasser halten, bis sich die Haut zu lösen beginnt. Die Tomaten sofort kalt abschrecken, sonst gart die äußere Fruchtfleischschicht weiter. Dann die Haut abziehen und jeweils den Stielansatz keilförmig herausschneiden.

Die Früchte halbieren. Die Hälften mit der Rundung nach oben in die Hand nehmen und die Kerne durch leichten Druck herauspressen. Restliche Kerne mit der Spitze eines scharfen Messers herauslösen. Die Hälften mit der offenen Seite nach unten auf Küchenpapier oder -krepp legen, damit die Restflüssigkeit abtropfen kann.

Anschließend das Fruchtfleisch einmal längs, einmal quer in etwa 8 mm große Würfel schneiden. Die Würfel auf einen Teller geben und salzen. Dann wie in den Rezepten angegeben weiterverarbeiten.

HINWEISE, TIPS & TRICKS

Die Personenanzahl

Die Anzahl der Brote finden Sie jeweils über der Zutatenliste.

Die Zubereitungszeit

Die in den Rezepten genannte Zubereitungszeit beinhaltet die Vorbereitungszeit, die für Putzen, Waschen, Schneiden etc. der Zutaten benötigt wird, sowie die Garzeit. Extrazeiten, wie zum Beispiel Zeit zum Marinieren, Zeit zum Durchziehen oder Ruhezeit sind gesondert aufgeführt, Sie finden sie jeweils unter der Angabe für die Zubereitungszeit.

ABKÜRZUNGSERKLÄRUNGEN:

EL	=	Eßlöffel
TL	=	Teelöffel
ml	=	Milliliter
l	=	Liter
cm	=	Zentimeter
g	=	Gramm
kg	=	Kilogramm
Msp.	=	Messerspitze
ca.	=	cirka
TK	=	Tiefkühl
°C	=	Grad Celsius

Backofentemperaturen

Alle Temperaturangaben beziehen sich auf einen herkömmlichen Elektroherd mit Unter- und Oberhitze. Sollten Sie einen Gas- oder Heißluftofen besitzen, halten Sie sich an die nebenstehenden Richtwerte. Beachten Sie jedoch bitte, daß es sich hierbei um Zirka-Werte handelt. Im Zweifelsfall informieren Sie sich am besten anhand der Herstelleranleitung Ihres Gerätes.

Temperatur	Gasbackofen mit 10 Stufen	Gasbackofen mit 8 Stufen
120 °C	Stufe 1	Stufe 1
150 °C	Stufe 2–3	Stufe 2
180 °C	Stufe 4	Stufe 3
210 °C	Stufe 5-6	Stufe 4
240 °C	Stufe 7	Stufe 5

Tips & Tricks

- Schön dekorierte Brote erfreuen das Auge und es schmeckt dann gleich viel besser. Aus festem Papier kann man sich zum Beispiel kleine Schablonen (Sternchen, Blumen etc.) schneiden, die man vor dem Bestreuen mit Paprika oder feingehackten Kräutern auf das Brot legt. Nach dem Bestäuben hebt man die Schablone vorsichtig ab.
- Die Blüten von Gänseblümchen, Kapuzinerkresse oder Ringelblumen sind eßbar und ergeben eine wirklich ausgefallene Dekoration.
- Viele der Brote sollten warm serviert werden, da kommt es auf das richtige Timing und vorgewärmte Teller an. Die Teller sollten warm, aber nicht heiß sein, sonst werden die Brote weitergebacken.

BRUSCHETTE

In den beiden folgenden Rezepten stellen wir Ihnen die klassischen Versionen der Bruschetta vor. Diese werden in Italien gerne zum Aperitif gereicht.

KNOBLAUCH-BRUSCHETTA

FÜR 12 BROTE
ZUBEREITUNG: CA. 15 MIN.
12 Scheiben Toskanabrot
(ca. 2 cm dick)
4 Knoblauchzehen • 1 TL Salz
4 TL Olivenöl • Pfeffer

Backofen auf 250 °C vorheizen. Toskanabrote auf den Grillrost legen und im Ofen etwa 12 Minuten rösten, bis die Brotscheiben auf beiden Seiten leicht gebräunt sind. Inzwischen den Knoblauch schälen und durch die Knoblauchpresse drücken. Dann den Knoblauch mit 1 Teelöffel Salz vermengen. Die noch heißen, gerösteten Brotscheiben mit Hilfe eines Pinsels auf einer Seite mit Olivenöl bestreichen. Die Knoblauch-Salz-Mischung auf die Brote auftragen und alles mit Pfeffer bestreuen. Sofort auf einem vorgewärmten Teller servieren.

TIP:
Die die Toskanabrotscheiben in der Regel relativ groß sind, sollte man sie nach dem Bestreichen in mundgerechte Stücke schneiden.

Die beliebteste Variante der Bruschetta wird mit gewürfelten Tomaten zubereitet. Verwenden Sie auf jeden Fall vollreife, aromatische Tomaten.

BRUSCHETTA MIT TOMATEN UND BASILIKUM

FÜR 12 BROTE
ZUBEREITUNG: CA. 15 MIN.
12 Scheiben Toskanabrot
(ca. 2 cm dick)
4 große Tomaten
1/2 Bund Basilikum
2 EL Olivenöl • Salz • Pfeffer
2 Knoblauchzehen

Den Backofen auf 250 °C vorheizen. Toskanabrote auf den Grillrost legen und im Ofen etwa 12 Minuten rösten, bis die Brotscheiben auf beiden Seiten leicht gebräunt sind.

Die Tomaten über Kreuz einritzen, mit kochend heißem Wasser überbrühen oder auf einer Schaumkelle einige Sekunden in heißes Wasser tauchen. Dann jeweils die Haut abziehen, die Stielansätze entfernen, das Fruchtfleisch entkernen und fein würfeln. Das Basilikum waschen, die Blätter von den Stengeln zupfen und fein hacken. In einer Schüssel mit den Tomatenwürfeln vermengen. 1 Eßlöffel Olivenöl daruntermischen und die Masse mit Salz und Pfeffer würzen. Die Knoblauchzehen schälen, halbieren und die gerösteten Brotscheiben mit den Knoblauchhälften auf einer Seite einreiben. Die Tomaten-Basilikum-Mischung auf die Brote verteilen und sparsam mit Olivenöl beträufeln. Die Bruschette nochmals im Ofen etwa 1 Minute überbacken, bis sie schön heiß sind. Sofort servieren.
(auf dem Foto)

Die klassische Bruschetta können Sie nach Belieben abwandeln, indem Sie die Brote mit verschiedenen Aufstrichen bestreichen. Wichtig ist, daß sie noch warm serviert werden.

BRUSCHETTA MIT MASCARPONE

FÜR 12 BROTE
ZUBEREITUNG: CA. 15 MIN.
12 Scheiben Toskanabrot (ca. 2 cm dick)
50 g Ziegenkäse
250 g Mascarpone
1 EL Olivenöl
1 Knoblauchzehe
1 EL Pinienkerne
Salz • Pfeffer

Backofen auf 250 °C vorheizen. Toskanabrote auf den Grillrost legen und im Ofen etwa 12 Minuten rösten, bis die Brotscheiben auf beiden Seiten leicht gebräunt sind.

In der Zwischenzeit den Ziegenkäse zerbröseln und zusammen mit Mascarpone und 1 Eßlöffel Olivenöl zu einer cremigen Masse verrühren. Knoblauch schälen, durch die Presse drücken und unter die Creme rühren. Alles mit Salz und Pfeffer abschmecken. Die Pinienkerne in einer Pfanne trocken rösten. Die heißen Brotscheiben mit der Mascarpone-Ziegenkäse-Creme bestreichen, mit Pinienkernen bestreuen und sofort servieren.
(auf dem Foto ganz rechts)

Pesto, die feine Basilikumpaste, kennt man in der Regel nur in Verbindung mit Nudeln. Auf geröstetem Brot schmeckt Pesto aber auch ganz wunderbar.

BRUSCHETTA MIT MANDELPESTO

FÜR 12 BROTE
ZUBEREITUNG: CA. 15 MIN.
12 Scheiben Toskanabrot (ca. 2 cm dick)
3 EL gehackte Mandeln
2 Bund Basilikum
3 EL frisch geriebener Parmesan • 4 EL Olivenöl
50 g schwarze Oliven

Den Backofen auf 250 °C vorheizen. Toskanabrot auf den Grillrost legen und im Ofen etwa 12 Minuten rösten, bis die Brotscheiben auf beiden Seiten leicht gebräunt sind.

Gehackte Mandeln in einer Pfanne trocken rösten, bis sie leicht goldbraun sind. Basilikum waschen, die Blätter von den Stengeln zupfen und 12 Blätter für die Dekoration beiseite legen. Die übrigen Blätter grob zerkleinern und zusammen mit Mandeln, Parmesan und Olivenöl im Mixer pürieren. Die Oliven entkernen und halbieren. Die heißen Brotscheiben mit dem Mandelpesto bestreichen und mit Olivenhälften sowie jeweils einem Basilikumblättchen dekorieren.
(auf dem Foto ganz links)

TOSCANELLO
Angelo Viviani
1996
VINO DI TOSCANA • ROSSO
Indicazione Geografica Tipica

Dieser würzig-pikante Aufstrich wird bei Liebhabern der »feurigen« Küche besonders gut ankommen. Die Kresse können Sie auch durch Rucola ersetzen.

BRUSCHETTA MIT GRÜNEM PFEFFER

FÜR 12 BROTE
ZUBEREITUNG: CA. 15 MIN.
12 Scheiben Toskanabrot (ca. 2 cm dick)
2 EL eingelegte grüne Pfefferkörner • 2 rote Paprikaschoten
1 Zwiebel • 1 Kästchen Kresse
80 g Crème fraîche
Salz • Cayennepfeffer

Backofen auf 250 °C vorheizen. Toskanabrote auf den Grillrost legen und im Ofen etwa 12 Minuten rösten, bis die Brotscheiben leicht gebräunt sind.

Inzwischen die Pfefferkörner abtropfen lassen und im Mörser zerstoßen. Paprikaschoten waschen, putzen, entkernen, das Fruchtfleisch zuerst in Streifen, dann in kleine Würfel schneiden. Die Zwiebel schälen und fein hacken. Die Kresse mit einer Küchenschere abschneiden, waschen und abtropfen lassen.

Alle vorbereiteten Zutaten miteinander vermischen, dann die Crème fraîche unterziehen und das Ganze mit Salz und Cayennepfeffer abschmecken. Die Masse auf die gerösteten Brote streichen und diese noch warm servieren.
(auf dem Foto)

Pfefferminze schmeckt herrlich erfrischend. In unseren Breiten hat man erst vor einiger Zeit angefangen, das Kraut zum Würzen und Verfeinern von Speisen einzusetzen.

BRUSCHETTA MIT TOMATEN UND MINZE

FÜR 12 BROTE
ZUBEREITUNG: CA. 15 MIN.
12 Scheiben Toskanabrot (ca. 2 cm dick) • 3 Tomaten
1 Bund Petersilie
1 Bund Pfefferminze
1 Knoblauchzehe
60 g Crème fraîche • Salz
etwas Zitronensaft
Cayennepfeffer

Toskanabrote im auf 250 °C vorgeheizten Backofen etwa 12 Minuten rösten, bis die Brotscheiben auf beiden Seiten leicht gebräunt sind.

Tomaten heiß überbrühen, enthäuten, die Stielansätze entfernen, das Fruchtfleisch entkernen und fein würfeln. Petersilie und Pfefferminze waschen, fein hacken und mit den Tomaten vermischen.

Knoblauch schälen, fein hacken und zusammen mit der Crème fraîche unter die Tomaten mengen. Das Ganze mit Salz, Zitronensaft und Cayennepfeffer würzen und auf die gerösteten Brote streichen.

Hauptimportländer für Oliven sind Spanien, Griechenland und Italien. Verwenden Sie für das nächste Rezept möglichst milde, schwach gesalzene Oliven.

BRUSCHETTA MIT SCHWARZEN OLIVEN

Für 12 Brote
Zubereitung: ca. 20 Min.
12 Scheiben Toskanabrot
(ca. 2 cm dick)
100 g schwarze Oliven
4 Tomaten
1 Bund Basilikum
4 Knoblauchzehen
Salz • 4 EL Olivenöl • Pfeffer

Ofen auf 250 °C vorheizen. Toskanabrote auf den Grillrost legen und im Ofen etwa 12 Minuten rösten, bis die Brotscheiben auf beiden Seiten leicht gebräunt sind.

Inzwischen die Oliven entkernen und fein hacken. Die Tomaten heiß überbrühen, enthäuten, das Fruchtfleisch entkernen und grob würfeln. Basilikum waschen, die Blätter abzupfen und fein hacken. Knoblauch schälen, durch die Presse drücken und mit 1 Teelöffel Salz vermengen. Oliven, Tomaten, Basilikum und Knoblauch-Salz-Mischung miteinander vermengen.

Die Brotscheiben mit Olivenöl bestreichen und die Oliven-Tomaten-Masse auf die Brote verteilen. Mit Pfeffer bestreuen und auf vorgewärmten Tellern servieren.

Auf unseren Märkten wird in erster Linie französischer Ziegenkäse angeboten, die würzige Köstlichkeit wird aber auch in Österreich, Schweiz, Deutschland und Italien hergestellt. Die Anzahl der Sorten ist unüberschauber.

BRUSCHETTA MIT ZIEGENKÄSE

Für 12 Brote
Zubereitung: ca. 20 Min.
12 Scheiben Toskanabrot
(ca. 2 cm dick) • 1 Schalotte
125 g milder Ziegenkäse
4 EL Olivenöl • Salz • Pfeffer

Den Backofen auf 250 °C vorheizen. Toskanabrote auf den Grillrost legen und im Ofen etwa 12 Minuten rösten, bis die Brotscheiben auf beiden Seiten leicht gebräunt sind.

Die Schalotte schälen und sehr fein hacken. Den Ziegenkäse zerbröseln, mit 2 Eßlöffeln Olivenöl vermengen, zu einer glatten Masse verrühren und mit Salz sowie Pfeffer abschmecken. Die Schalotte unter die Creme mischen. Die heißen Brotscheiben mit dem restlichen Olivenöl bestreichen und die Ziegenkäse-Zwiebel-Mischung auf die Brote streichen. Das Ganze auf vorgewärmten Tellern servieren.
(auf dem Foto)

Aus aromatischen Tomaten und cremig-mildem Mascarpone wird dieser leckere, typisch italienische Aufstrich gezaubert.

BRUSCHETTA MIT TOMATEN-MASCARPONE

FÜR 12 BROTE
ZUBEREITUNG: CA. 20 MIN.
12 Scheiben Toskanabrot
(ca. 2 cm dick) • 4 Tomaten
50 g schwarze Oliven
1 Bund Basilikum
1 Knoblauchzehe
4 EL Mascarpone
Salz • Pfeffer

Ofen auf 250 °C vorheizen. Toskanabrote auf den Grillrost legen und im Backofen etwa 12 Minuten rösten, bis die Brotscheiben auf beiden Seiten leicht gebräunt sind.

Tomaten heiß überbrühen, häuten, entkernen und würfeln. Oliven entkernen und fein hacken. Basilikum waschen, die Blätter abzupfen und fein schneiden.

Knoblauch schälen und durch eine Presse drücken. Tomaten, Oliven und Basilikum in eine Schüssel geben, Knoblauch und Mascarpone hinzufügen und alles zu einer cremigen Masse verrühren. Mit Salz und Pfeffer abschmecken.

Die Creme auf die heißen Brotscheiben streichen und alles sofort servieren.

VARIATION: Statt Mascarpone können Sie auch Crème fraîche verwenden.

Dieser raffinierte Aufstrich erinnert an »Vitello Tonnato« (Kalbfleisch mit Thunfischsauce), die mittlerweile auch bei uns bekannte und beliebte Spezialität aus der Lombardei und dem Piemont.

BRUSCHETTA MIT THUNFISCH UND KAPERN

FÜR 12 BROTE
ZUBEREITUNG: CA. 15 MIN.
12 Scheiben Toskanabrot
(ca. 2 cm dick)
185 g Thunfisch (aus der Dose)
2 EL Kapern
4 EL Mascarpone • Salz

Backofen auf 250 °C vorheizen. Toskanabrote auf den Grillrost legen und im Ofen etwa 12 Minuten rösten, bis die Brotscheiben auf beiden Seiten leicht gebräunt sind.

Den Thunfisch gut abtropfen lassen und in einer Schüssel mit einer Gabel zerpflücken. Kapern fein hacken und unter den Thunfisch rühren. Mascarpone hinzufügen und alles zu einer Creme verrühren. Mit Salz abschmecken.

VARIATION:
Anstelle der Kapern können Sie auch grünen Pfeffer verwenden.

Die Thunfisch-Kapern-Creme auf die heißen Brotscheiben streichen und das Ganze sofort servieren.
(auf dem Foto)

Für diese Leckerei sollten Sie etwas Zeit mitbringen, aber die Mühe lohnt sich!

BRUSCHETTA MIT GEHACKTER HÜHNERLEBER

FÜR 12 BROTE
ZUBEREITUNG: CA. 30 MIN.
RUHEZEIT: CA. 1 STD.

- *200 g Hühnerleber*
- *3 EL Olivenöl • 2 Eier*
- *1 Selleriestange • 1 Karotte*
- *1 Zwiebel*
- *2 EL gehackte Petersilie*
- *2 EL Tomatenmark*
- *2 EL weiche Butter*
- *gerebelte Salbeiblätter*
- *Salz • Pfeffer*
- *12 Scheiben Toskanabrot (ca. 2 cm dick)*

Hühnerleber unter fließendem Wasser gut abspülen, trockentupfen und von eventuellen Häuten sowie Sehnen befreien.

2 Eßlöffel Olivenöl in einer Pfanne erhitzen, die Hühnerleber darin bei milder Hitze von beiden Seiten braten. Die Leber ist gar, wenn sie auf Druck mit einer Gabel nicht mehr nachgibt. Herausnehmen, abkühlen lassen, dann sehr fein würfeln.

Die Eier hart kochen, abkühlen lassen, pellen und mit einer Gabel in einer Schüssel zerdrücken. Die gewürfelte Leber hinzufügen. Sellerie und Karotte schälen, waschen und sehr fein würfeln. Das restliche Öl erhitzen und Karotten- sowie Selleriewürfel darin weich dünsten. Anschließend herausnehmen, abkühlen lassen und zur Leber in die Schüssel geben.

Die Zwiebel schälen, fein hacken und zusammen mit der Petersilie in die Schüssel geben. Tomatenmark, Butter und Salbei hinzufügen, dann alles zu einer körnigen Masse verrühren. Mit Salz und Pfeffer abschmecken. Den Aufstrich für etwa 1 Stunde in den Kühlschrank stellen.

Etwa 20 Minuten vor dem Servieren den Backofen auf 250 °C vorheizen. Die Toskanabrote auf den Grillrost legen und im Ofen etwa 12 Minuten rösten, bis die Brotscheiben auf beiden Seiten leicht gebräunt sind.

Den gekühlten Aufstrich auf die heißen Brote aufbringen und das Ganze auf vorgewärmten Tellern servieren.

VARIATIONEN:
Probieren Sie einmal die jüdische Version dieses Rezepts und verwenden Sie Hühnerfett anstatt der Butter. Verzichten Sie dabei auch auf das Tomatenmark und den Salbei. Nach Belieben können Sie auch noch getrocknete Steinpilze (vor der Verwendung 20 Minuten einweichen) zusammen mit der Leber anbraten.

CROSTINI

Diese feinen Happen bieten den idealen Gegensatz: Die Unterlage ist knusprig und warm, der Belag ist cremig und zergeht auf der Zunge.

CROSTINI MIT SELLERIE-SENF-MAYONNAISE

Für 12 Brote

Zubereitung: ca. 15 Min.

12 Scheiben Toskanabrot (ca. 2 cm dick)

1/2 Sellerieknolle

6 EL Mayonnaise

1 EL Dijonsenf

Salz • Pfeffer

Toskanabrotscheiben im auf 250 °C vorgeheizten Backofen 12 Minuten rösten, bis sie auf beiden Seiten leicht gebräunt sind.

In der Zwischenzeit die Sellerieknolle putzen, schälen, waschen und in etwa 5 mm dicke Scheiben schneiden. Anschließend die Scheiben in sehr schmale Streifen schneiden. Die Selleriestreifen so lange in kochendem Wasser blanchieren, bis sie weich sind, aber noch ein wenig Biß haben.

Die Selleriestreifen auf einem Sieb abgießen, mit kaltem Wasser abschrecken, dann gut abtropfen lassen. Der Sellerie sollte möglichst trocken sein.

Mayonnaise und Senf in einer Schüssel gründlich miteinander verrühren, die Selleriestreifen unterziehen und das Ganze mit Salz und Pfeffer abschmecken.

Die Brotscheiben aus dem Ofen nehmen, mit der Sellerie-Senf-Mayonnaise bestreichen und das Ganze noch warm servieren.

Variation: Für diesen köstlichen Aufstrich lohnt es sich, die Mayonnaise selbst zuzubereiten. Die Mayonnaise, die Sie nicht für den Aufstrich benötigen, können Sie einige Tage im Kühlschrank aufbewahren. Geben Sie 1 frisches Eigelb zusammen mit 1/2 Teelöffel scharfem Dijonsenf und etwas Salz und Pfeffer in eine kleine Schüssel. Messen Sie 125 ml Öl ab, das Sie erst tropfenweise, dann in feinem Strahl unter ständigem Schlagen mit einem Schneebesen in die Schüssel dazufließen lassen. Sobald das Öl untergeschlagen ist, noch etwa 30 Sekunden kräftig weiterrühren, bis die Masse dick und glänzend geworden ist. Dann 1 Teelöffel Zitronensaft oder Weißweinessig unterrühren. Alle Zutaten sollten zimmerwarm sein, sonst bindet die Mayonnaise nicht.

Die Mortadella ist Italiens berühmteste Fleischwurst, ursprünglich wurde sie nur in Bologna hergestellt, heutzutage findet man sie im gesamten italienischen Stiefel.

CROSTINI MIT MORTADELLACREME

FÜR 12 BROTE
ZUBEREITUNG: CA. 15 MIN.
12 Scheiben Toskanabrot
(ca. 2 cm dick)
200 g Mortadella in Scheiben
3 EL weiche Butter
2 Gewürzgurken
Salz • Pfeffer

Brotscheiben im auf 250 °C vorgeheiztem Backofen 12 Minuten rösten, bis sie auf beiden Seiten leicht gebräunt sind.

Die Haut von der Mortadella entfernen, dann die Wurstscheiben in Streifen oder Würfel schneiden. Zusammen mit der Butter im Mixer oder in der Küchenmaschine zu einer glatten Paste pürieren.

Die Gewürzgurken fein hacken, unter die Paste mischen und alles mit Salz und Pfeffer abschmecken. Den Aufstrich auf die Brote geben und diese nach Belieben warm oder kalt servieren.

VARIATION: Dieser Aufstrich schmeckt auch auf gerösteten Baguettescheiben, von denen die Rinde abgeschnitten wurde, oder auf Toastbrot.
(auf dem Foto)

Verwenden Sie für dieses Rezept nur reife Avocados, das Fruchtfleisch sollte auf leichten Fingerdruck nachgeben. Unreife Avocados einfach bei Zimmertemperatur etwa 2 Tage liegen lassen.

CROSTINI MIT AVOCADOCREME

FÜR 12 BROTE
ZUBEREITUNG: CA. 10 MIN.
12 Scheiben Toskanabrot
(ca. 2 cm dick) • 3 reife
Avocados • 1 rote Pfefferschote
1 Knoblauchzehe • Saft von
1 Zitrone • 2 EL Olivenöl
Salz • Pfeffer

Toskanabrote im auf 250 °C vorgeheiztem Backofen 12 Minuten rösten, bis sie auf beiden Seiten leicht gebräunt sind. Inzwischen die Avocados halbieren, jeweils den Kern herauslösen und das Fruchtfleisch mit einem Teelöffel aus den Schalen schaben. In eine Schüssel geben.

Die Pfefferschote längs halbieren, entkernen und fein hacken, den Knoblauch schälen und durch eine Presse drücken. Das Avocadofruchtfleisch mit einer Gabel zerdrücken, dann Pfefferschote, Knoblauch und Zitronensaft daruntermischen. Das Ganze gut verrühren.

Das Olivenöl unter ständigem Rühren langsam dazugießen, die Creme salzen, pfeffern und auf die gerösteten Brotscheiben streichen.

VARIATION: Nach Belieben können Sie zusätzlich 1 Eßlöffel Crème fraîche oder saure Sahne unter die Avocadocreme mischen, sie schmeckt dann noch cremiger.

Junger Knoblauch ist im Frühjahr und Frühsommer auf dem Markt erhältlich. Die Häute der Knollen sind noch weich und die Schärfe ist noch nicht sehr ausgeprägt.

CROSTINI MIT JUNGEM KNOBLAUCH

FÜR 12 BROTE
ZUBEREITUNG: CA. 15 MIN.
12 Scheiben Toskanabrot (ca. 2 cm dick)
4 Frühlingszwiebeln
1 Knolle junger Knoblauch
je 1 EL gehackte Petersilie, Brunnenkresse und Pfefferminze • 100 g Ricotta (italienischer Frischkäse)
2 EL Olivenöl • Salz • Pfeffer

Toskanabrotscheiben im auf 250 °C vorgeheiztem Backofen 12 Minuten rösten, bis sie auf beiden Seiten leicht gebräunt sind.

Inzwischen die Frühlingszwiebeln putzen, waschen und der Länge nach vierteln. Dann in etwa 5 mm lange Streifen schneiden. Von den Knoblauchknollen nur die äußere Haut entfernen und die weichen Zehen mitsamt der Außenhaut fein hacken.

Frühlingszwiebeln, jungen Knoblauch und die gehackten Kräuter mit Ricotta und Olivenöl vermischen. Die Mischung mit Salz und Pfeffer abschmecken. Den Aufstrich auf die Brote streichen und diese sofort servieren.
(auf dem Foto)

Das klassische italienische Pesto wird mit Basilikum zubereitet. Für diesen delikaten Aufstrich wurde zur Abwechslung einmal Petersilie anstatt Basilikum verwendet.

CROSTINI MIT PETERSILIENPESTO

FÜR 12 BROTE
ZUBEREITUNG: CA. 15 MIN.
12 Scheiben Toskanabrot (ca. 2 cm dick)
100 g Pinienkerne
2 Bund Petersilie
1 große Knoblauchzehe
2 EL frisch geriebener Parmesan • 3 EL Olivenöl
1 EL Zitronensaft
Salz • Pfeffer

Brotscheiben im auf 250 °C vorgeheiztem Backofen etwa 12 Minuten rösten, bis Sie auf beiden Seiten leicht gebräunt sind.

Inzwischen die Pinienkerne in einer Pfanne trocken rösten. Die Petersilie waschen, trockenschütteln und die Blätter grob zerkleinern. Den Knoblauch schälen und fein hacken. Alle vorbereiteten Zutaten in den Mixer geben und kurz pürieren.

Parmesan, Olivenöl, Zitronensaft, Salz und Pfeffer zu den Zutaten im Mixer hinzufügen und alles zu einer glatten Paste pürieren. Das Pesto auf die Brote streichen und diese nach Belieben warm oder kalt servieren.

Die Trüffelsaison beginnt im November und endet im März. Obwohl diese Pilzart nicht ganz billig ist, sollte man sich einmal im Jahr ihr unvergleichliches Aroma gönnen. Trüffel sind in der Küche ungemein vielseitig einsetzbar.

CROSTINI MIT TRÜFFEL-SARDELLEN-PASTE

FÜR 12 BROTE
ZUBEREITUNG: CA. 15 MIN.
WÄSSERN: CA. 30 MIN.
6 Sardellenfilets
50 g schwarze Trüffel
4 EL Olivenöl • Pfeffer
6 Scheiben Kastenweißbrot
(ca. 2 cm dick)
grüne Oliven zum Garnieren

Zunächst die Sardellenfilets für 30 Minuten in kaltes Wasser legen, damit sich ihr Salzgehalt verringert. In der Zwischenzeit die Trüffel mit einer weichen Bürste säubern, dann in sehr dünne Scheiben schneiden oder hobeln.

Die Sardellenfilets trockentupfen, zusammen mit 1 Eßlöffel Olivenöl im Mörser zu einer Paste verarbeiten. Die Trüffel zerbröseln und vorsichtig unter die Paste ziehen. Alles mit Pfeffer abschmecken und zum Schluß noch 1 Eßlöffel Olivenöl vorsichtig unterrühren.

Die Rinde vom Weißbrot abschneiden und die Weißbrotscheiben von beiden Seiten in einer Pfanne ohne Fettzugabe kurz anbräunen. Die Scheiben mit etwas Olivenöl einstreichen und dann mit der Trüffel-Sardellen-Paste bestreichen.

Die Oliven entkernen und in dünne Scheibchen schneiden. Die Brote jeweils diagonal durchneiden und mit den Olivenscheibchen garnieren.

Mit zart-schmelzendem Käse überbackenen Crustini werden Ihre Gäste nicht widerstehen können!

CROSTINI MIT MOZZARELLA

FÜR 12 BROTE
ZUBEREITUNG: CA. 15 MIN.
WÄSSERN: CA. 30 MIN.
6 Sardellenfilets • 70 g Butter
12 Scheiben Kastenweißbrot
300 g Mozzarella
edelsüßes Paprikapulver

Zunächst die Sardellenfilets für 30 Minuten in kaltes Wasser legen, damit sich ihr Salzgehalt verringert. Die Sardellenfilets waschen und kleinhacken.

Die Butter in einem kleinen Topf anwärmen. Wenn sie zu schmelzen beginnt, vom Herd nehmen und die Sardellen dazugeben. Butter und Sardellen mit einer Gabel zu einer feinen Paste zerdrücken.

TIP:
Mozzarella wird mittlerweile in der Regel aus Kuhmilch hergestellt. Ursprünglich wurde Mozzarella jedoch aus reiner Büffelmilch produziert, die viel intensiver schmeckt, aber natürlich auch teurer ist. Gönnen Sie sich einmal diesen kleinen Luxus!

Die Rinde vom Weißbrot abschneiden und die Brotscheiben mit der Sardellenbutter bestreichen. Den Mozzarella in etwa 1 cm dicke Scheiben schneiden und auf jede Brotscheibe eine Mozzarellascheibe legen.

Den Backofen auf 250 °C vorheizen, die Brote auf den Grillrost legen und so lange überbacken, bis der Käse zu laufen anfängt und leicht Farbe annimmt. Herausnehmen, jede Brotscheibe mit Paprikapulver bestäuben und sofort servieren.
(auf dem Foto)

PANINI

Für 6 Brote
Zubereitung: ca. 15 Min.
2 EL Pinienkerne
1/2 Bund Thymian
100 g Gorgonzola
200 g Ricotta
1 Knoblauchzehe
2 EL Sahne • Salz • Pfeffer
6 Scheiben Baguette oder italienisches Landbrot

Ricotta wird in Italien gerne als Brotaufstrich verwendet. In der Kombination mit Gorgonzola, Thymian und Pinienkernen wird er zum herzhaften Genuß.

RICOTTA-GORGONZOLA-PANINI

Pinienkerne fein hacken und in einer beschichteten Pfanne ohne Fettzugabe rösten, bis sie zu duften beginnen. Den Thymian waschen, trockenschütteln, die Blättchen abzupfen und fein hacken.

Den Gorgonzola in einer Schüssel mit einer Gabel zerdrücken, dann den Ricotta darunterziehen. Den Knoblauch schälen und durch eine Presse drücken. Sahne, Pinienkerne, Thymian und Knoblauch zur Gorgonzola-Ricotta-Mischung geben. Alles gut verrühren und mit Salz sowie Pfeffer abschmecken. Die Masse auf Baguette- oder italienische Landbrotscheiben streichen und das Ganze servieren.

TIP:
Servieren Sie zu den Ricotta-Gorgonzola-Panini gut gekühlten Prosecco oder Weißwein.

Variation: Ricotta ist eine italienischer Frischkäsezubereitung, die etwas würziger ist als Quark. Sie können für dieses Rezept nach Belieben Ricotta aus Kuhmilch, Ziegenmilch oder aus einer Kombination von beidem verwenden. Dieser Aufstrich schmeckt übrigens auch ohne Gorgonzola.
(auf dem Foto)

Der würzige Geschmack von Rucola harmoniert erstaunlicherweise sehr gut mit der milden Süße des Honigs. Besonders delikat schmecken die Panini mit Kastanienhonig.

PANINI MIT RUCOLA UND HONIGBUTTER

Für 6 Brote
Zubereitung: ca. 15 Min.
6 Scheiben Toskanabrot ca. 2 cm dick)
2 EL zimmerwarme Butter
1 EL flüssiger Honig
150 g Rucola • 50 g frisch gehobelter Parmesan

Toskanabrotscheiben im auf 250 °C vorgeheizten Backofen etwa 12 Minuten rösten, bis sie auf beiden Seiten leicht gebräunt sind. Die Butter gründlich mit dem Honig vermischen.

Die Brotscheiben etwas abkühlen lassen, dann die Honigbutter auf die Scheiben streichen. Rucola waschen, trockenschütteln, grob hacken und auf die Brote verteilen. Den Parmesan darüberstreuen und die Brote noch warm servieren.

Bereiten Sie diese Panini-Version einmal für Ihr Sonntagsfrühstück zu, Ihre Lieben werden begeistert sein!

PANINI MIT SPIEGELEI

Für 6 Brote
Zubereitung: ca. 20 Min.
6 große Scheiben Toskanabrot (ca. 2 cm dick) • 3 EL Butter
6 frische Eier • 12 dünne Scheiben Frühstücksspeck
Salz • Pfeffer
edelsüßes Paprikapulver

Aus jeder Toskanabrotscheibe in der Mitte ein Viereck, Dreieck oder einen Kreis ausschneiden. Die Butter in einer Pfanne erhitzen und die Brote zusammen mit den herausgeschnittenen Brotteilen hineinlegen. Den Speck in eine andere Pfanne geben und von beiden Seiten kroß braten.

Die Brotteile von einer Seite leicht anbraten. Dann beide Teile umdrehen und jeweils in das Loch des einen Teils 1 Ei schlagen. Alles so lange braten, bis die Eier gestockt sind. Brotteile und Speck herausnehmen. Die Speckscheiben jeweils auf den ausgeschnittenen Brotteil legen, die Spiegeleier salzen, pfeffern, mit Paprikapulver bestäuben und alles zusammen servieren.
(auf dem Foto)

Frische Garnelenschwänze ergeben natürlich einen besonders feinen Geschmack. Notfalls können Sie aber auch auf Krabben- oder Hummerfleisch aus der Dose zurückgreifen.

PANINI MIT GARNELEN

Für 6 Brote
Zubereitung: ca. 20 Min.
6 Scheiben Toskanabrot (ca. 2 cm dick) • 1 Bund frische Pfefferminze
1 Bund Petersilie • 3 Tomaten
12 Garnelenschwänze, gekocht und geschält • 1 EL Olivenöl
etwas Zitronensaft • Salz
Pfeffer

Toskanabrotscheiben im auf 250 °C vorgeheizten Backofen etwa 12 Minuten rösten, bis sie auf beiden Seiten leicht gebräunt sind.

Inzwischen Pfefferminze und Petersilie waschen und fein hacken. Die Tomaten über Kreuz einritzen und mit kochend heißem Wasser überbrühen. Mit einem spitzen Messer die Stielansätze entfernen und die Haut abziehen. Das Fruchtfleisch entkernen und dann fein würfeln.

Garnelenschwänze fein würfeln und mit Minze, Petersilie, Tomaten und Olivenöl vermischen. Alles mit einem Spritzer Zitronensaft, Salz und Pfeffer abschmecken. Die Mischung auf die Brote verteilen und diese sofort servieren.

Roastbeef verträgt sahnige Saucen oder Dips. Hier haben wir die schwere Remouladensauce durch eine leichte Quarkcreme ersetzt.

PANINI MIT ROASTBEEF

FÜR 6 BROTE

ZUBEREITUNG: CA. 15 MIN.

50 g Radieschen • 2 Äpfel

300 g Magerquark

3 EL frisch geriebener Meerrettich • Salz • Pfeffer

6 Scheiben Kastenweißbrot

6 Scheiben Roastbeef

6 Scheiben Vollkornbrot

Radieschen waschen, putzen und in Stifte schneiden. Die Äpfel waschen, halbieren, dann das Kerngehäuse entfernen und das Fruchtfleisch mitsamt der Schale in Stifte schneiden.

Den Quark in eine Schüssel geben und Meerettich, Radieschen- sowie Apfelstifte hinzufügen. Alles gut vermischen, mit Salz und Pfeffer würzen und auf die Weißbrotscheiben streichen.

Auf jede Scheibe 1 Roastbeefscheibe legen und mit jeweils 1 Vollkornbrotscheibe bedecken.

VARIATION: Anstelle von Roastbeef können Sie auch Puten-, Enten- oder Gänsebrust verwenden. Auch kalter Schweinebraten paßt gut zu diesem Aufstrich.

Diese leckeren Panini schmecken nicht nur Vegetariern. Wenn Sie keine Kapern mögen, verwenden Sie stattdessen frisches Basilikum.

PANINI MIT AUBERGINEN

FÜR 6 BROTE

ZUBEREITUNG: CA. 20 MIN.

1 mittelgroße Aubergine

Salz • 2 EL Olivenöl

6 Scheiben Kastenweißbrot

2 EL Kapern • 2 Tomaten

Pfeffer

12 große grüne Oliven

Aubergine waschen, putzen, längs in 5 mm dicke Scheiben schneiden und leicht salzen. Das Olivenöl in einer großen Pfanne erhitzen und die Auberginenscheiben darin von beiden Seiten goldbraun braten. Herausnehmen und auf Küchenkrepp abtropfen lassen.

Weißbrotscheiben im auf 250 °C vorgeheizten Backofen etwa 12 Minuten rösten, bis sie auf beiden Seiten leicht gebräunt sind.Inzwischen die Kapern fein hacken, die Tomaten waschen, die Stielansätze entfernen, das Fruchtfleisch in Scheiben schneiden und leicht salzen.

Die gerösteten Brote mit Auberginenscheiben belegen, darüber die Tomaten verteilen, alles mit Kapern bestreuen und leicht salzen und pfeffern. Die Oliven halbieren, entkernen und die Brotscheiben damit garnieren.
(auf dem Foto)

VARIATION: Anstelle der Aubergine können Sie auch 1 Zucchini verwenden. Lassen Sie dann die Kapern weg.

Dieses Baguette, für das Sie unbedingt echte Mailänder Salami verwenden sollten, wird durch die Zitronen-Knoblauch-Butter zu einer raffinierten Delikatesse.

ITALIENISCHES SALAMI-BAGUETTE

Für 1 Baguette
Zubereitung: ca. 10 Min.
1 Knoblauchzehe
1 Bund glatte Petersilie
1 TL abgeriebene Schale einer unbehandelten Zitrone
2 EL weiche Butter • Salz
Pfeffer • etwas Zitronensaft
1 Baguette • 50 g Schafskäse
4 große Kopfsalatblätter
75 g Mailänder Salami in Scheiben • 50 g grüne Oliven

Knoblauchzehe schälen und fein hacken, Petersilie waschen und fein schneiden. Knoblauch, Petersilie und Zitronenschale mit einer Gabel unter die Butter mischen, das Ganze mit Salz, Pfeffer und Zitronensaft abschmecken.

Das Baguette waagrecht halbieren und beide Hälften mit der Knoblauch-Zitronen-Butter bestreichen. Den Schafskäse zerbröckeln und auf die untere Baguettehälfte streuen. Zunächst die Salatblätter, dann die Salamischeiben darüberlegen.

Die Oliven entkernen, in dünne Ringe schneiden und über die Salami streuen. Zum Schluß das Baguette mit der oberen Brothälfte zuklappen. Nach Wunsch das Baguette zum Servieren in 5 bis 10 cm lange Stücke zerteilen.
(auf dem Foto)

Diese Panini werden kalt serviert. Nach Belieben können Sie sie aber unter dem Grill ganz kurz überbacken, erwärmter Ziegenfrischkäse schmeckt herrlich!

PANINI MIT ZIEGENKÄSE UND KRÄUTERN

Für 6 Brote
Zubereitung: ca. 15 Min.
200 g Ziegenfrischkäse
2 EL Olivenöl • 1 Schalotte
2 EL frisch gehackte, gemischte Kräuter (z. B. Thymian, Rosmarin, Petersilie)
Salz • Pfeffer
6 Scheiben Toskanabrot (ca. 2 cm dick)

Ziegenkäse mit der Gabel zerdrücken und zusammen mit dem Olivenöl zu einer glatten Masse verrühren. Die Schalotte schälen, fein hacken und mit dem Ziegenkäse vermischen.

Die gehackten Kräuter unter die Ziegenkäsecreme mischen, alles mit Salz und Pfeffer abschmecken und auf die Toskanabrotscheiben streichen.

Braune Champignons werden auch als Egerlinge bezeichnet. Kenner behaupten, daß sie intensiver schmecken als ihre weißen Verwandten, dies ist jedoch reine Ansichtssache.

CIABATTA MIT EGERLINGEN

Für 6 Brote

Zubereitung: ca. 15 Min.

150 g Rucola • 1 Schalotte

50 g frische Egerlinge

1 EL Butter

100 g schwarze Oliven

350 g gekochter Schinken

Salz • Pfeffer • Currypulver

6 kleine Ciabattabrote

3 EL Olivenöl

Rucola waschen, trockenschütteln und die Blätter grob hacken. Die Egerlinge putzen und in dünne Scheiben schneiden.

Die Schalotte schälen und sehr fein würfeln. Die Butter in einer Pfanne erhitzen und die Schalotte darin andünsten. Die Pilze hinzufügen und bißfest garen.

Die Oliven entkernen und fein hacken. Den Schinken in feine Würfel schneiden und mit Oliven, Egerlingen und Schalotte vermischen. Alles mit Salz, Pfeffer und Currypulver würzen.

Die Ciabattabrote waagrecht halbieren und die Schnittflächen in einer Pfanne trocken anrösten. Dann die unteren Hälften zuerst mit Olivenöl bestreichen, dann mit der Schinken-Egerling-Mischung belegen. Die Rucolablätter darüber verteilen. Jeweils die obere Brothälfte auflegen.

Diese »goldenen Brote« sind schnell zubereitet und ergeben eine köstliche kleine Mahlzeit.

GEFÜLLTE PANDORATI

Für 6 Brote

Zubereitung: ca. 15 Min.

1 halbes Kastenweißbrot (vom Vortag)

150 g Mozzarella

6 Scheiben gekochter Schinken

2 Eier • 125 ml Milch

1 EL Butter • einige Basilikumblätter zum Garnieren

Vom Weißbrot mit einem scharfen Messer die Rinde abschneiden. Dann das Brot in etwa 1 cm dicke Scheiben schneiden, dabei abwechselnd eine Scheibe bis kurz vor dem Ende, die nächste Scheibe ganz duchneiden. Auf diese Weise erhält man immer 2 zusammenhängende Scheiben, die man aufklappen kann. Es sollten 6 solcher Brottaschen entstehen.

Den Mozzarella abtropfen lassen, in 6 Scheiben schneiden und jeweils 1 Scheibe zwischen 2 zusammenhängende Brotscheiben legen. Darüber je 1 Scheibe Schinken geben.

VARIATION:
Pandorato schmeckt auch zum Frühstück! Einfach Toastbrotscheiben in der Eier-Milch-Mischung wenden und in einer Pfanne in Butter goldbraun braten. Anschließend nach Belieben mit Marmelade, Honig oder Schokoladencreme bestreichen.

Die Eier mit der Milch verquirlen und die Brote in dieser Mischung wenden. Die Butter in einer großen Pfanne zerlassen, dann die Brote darin braten, bis sie goldbraun sind. Herausnehmen, auf Küchenkrepp abtropfen lassen und mit Basilikumblättern bestreut servieren.
(auf dem Foto)

Diese Brote ergeben schon fast eine Hauptmahlzeit. Verwenden Sie einen jungen, spritzigen Weißwein oder trockenen Prosecco und reichen Sie den gleichen Wein als Getränk dazu.

PANE RICCO

FÜR 6 BROTE
ZUBEREITUNG: CA. 20 MIN.
6 Scheiben Toskanabrot
(ca. 2 cm dick)
200 ml Weißwein
12 Scheiben Parmaschinken
3 Tomaten • 350 g Mozzarella
Salz • 2 EL Olivenöl

Toskanabrotscheiben in eine feuerfeste Form legen und das Brot mit Weißwein beträufeln. Den Backofen auf 225 °C vorheizen, dann das Brot auf mittlerer Schiene etwa 5 Minuten vorbacken.

Die Form herausnehmen und die Brotscheiben mit je 2 Scheiben Parmaschinken belegen. Die Tomaten waschen, halbieren, die Stielansätze entfernen und das Fruchtfleisch in Scheiben schneiden. Mozzarella abtropfen lassen, ebenfalls in Scheiben schneiden.

Zuerst die Tomaten-, dann die Mozzarellascheiben auf die Brote verteilen. Das Ganze leicht salzen und mit Olivenöl beträufeln. Die Form wieder in den Ofen schieben und alles etwa 10 Minuten backen. Die Brote heiß servieren.

VARIATIONEN: Verfeinern Sie die Brote, indem Sie zwischen Tomaten und Mozzarella einige Blättchen frischen Salbei legen. Statt Parmaschinken können Sie auch kalten Kalbsbraten verwenden.
(auf dem Foto)

Eine weitere wohlschmeckende Variante des Pane Ricco wird mit Rotwein und Knoblauchsalami zubereitet.

PANE RICCO MIT SALAMI

FÜR 6 BROTE
ZUBEREITUNG: CA. 20 MIN.
6 Scheiben Toskanabrot
(ca. 2 cm dick)

Toskanabrotscheiben in eine feuerfeste Form legen und das Brot mit Rotwein beträufeln. Den Backofen auf 225 °C vorheizen, dann das Brot auf mittlerer Schiene etwa 5 Minuten vorbacken.

200 ml Rotwein
150 g Knoblauchsalami
3 Tomaten • Salz • Pfeffer
1 EL feingehackter Oregano
350 g Mozzarella

Die Form herausnehmen und die Brotscheiben nochmals mit Rotwein beträufeln. Die Knoblauchsalami in dünne Scheiben aufschneiden und auf die Brote verteilen. Die Tomaten waschen, die Stielansätze entfernen und das Fruchtfleisch in Scheiben schneiden. Die Tomatenscheiben auf die Salami legen und mit Salz, Pfeffer und Oregano bestreuen.

Mozzarella abtropfen lassen, in Scheiben schneiden und auf die Tomaten legen. Die Form wieder in den Ofen schieben und alles etwa 10 Minuten überbacken. Die Brote heiß servieren.

Ihren Namen verdankt die luftige Ciabatta ihrer Form, die entfernt an Pantoffeln erinnert. Diese Schuhart heißt auf italienisch ciabatta.

CIABATTA MIT PARMASCHINKEN

FÜR 6 BROTE
ZUBEREITUNG: CA. 20 MIN.
1 Bund Basilikum
4 EL Butter (ersatzweise Margarine, z. B. Rama)
6 Ciabattabrote
4 EL Pinienkerne
4 EL frisch geriebener Parmesan • 2 Avocados
etwas Zitronensaft
200 g Parmaschinken in dünnen Scheiben

Basilikum waschen, die Blätter von den Stengeln zupfen und fein hacken. Basilikum mit einer Gabel unter die Butter mischen. Ciabattabrote waagrecht aufschneiden und die unteren Hälften jeweils mit der Basilikumbutter bestreichen.

Pinienkerne hacken und in einer Pfanne trocken rösten. Die gebutterten Brothälften mit Pinienkernen und Parmesan bestreuen.

Die Avocados der Länge nach halbieren, jeweils den Kern herauslösen und das Fruchtfleisch von den Schalen schaben. Mit Zitronensaft beträufeln und in Spalten schneiden. Die Avocadospalten und auf die Brothälften verteilen. Darauf noch je 1 bis 2 Scheiben Parmaschinken geben. Jeweils die obere Brothälfte auflegen.
(auf dem Foto)

Gorgonzola kommt ursprünglich aus dem gleichnamigen kleinen Ort in der Lombardei. Er ist der bekannteste italienische Edelschimmelkäse, der sich vor allem durch seine cremige Konsistenz von seinen französischen Verwandten unterscheidet.

PANINI MIT GORGONZOLA

FÜR 6 BROTE
ZUBEREITUNG: CA. 15 MIN.
2 EL Pinienkerne
100 g Gorgonzola
1 EL weiche Butter
2 EL feingehacktes Basilikum
6 Scheiben Toskanabrot (ca. 2 cm dick)

Backofen auf 220 °C vorheizen. Die Pinienkerne fein hacken und in einer beschichteten Pfanne ohne Fettzugabe rösten. Den Gorgonzola entrinden und in kleine Stücke schneiden. Butter, Gorgonzola, Pinienkerne und Basilikum in einer Schüssel mit einer Gabel zu einer glatten Masse verrühren.

Die Creme auf die Brotscheiben streichen. Da der Käse im Ofen zerfließt, die Masse nicht ganz bis zum Rand streichen. Die Brote auf dem Grillrost im Backofen so lange rösten, bis der Käse eine leicht goldbraune Farbe angenommen hat. Die Brote herausnehmen und sofort servieren.

TRAMEZZINI

Tramezzini – das sind köstliche kleine Happen, die im Handumdrehen zubereitet sind. Damit das Brot mehr Geschmack vom Belag aufnimmt, wickeln Sie es am besten einige Zeit vor dem Servieren fest in Klarsichtfolie.

TRAMEZZINI MIT FRÜHSTÜCKSSPECK

FÜR 2 TRAMEZZINI
ZUBEREITUNG: CA. 15 MIN.
2 Scheiben Vollkorntoast
1 EL Mayonnaise
(z. B. Hellmann's)
1 Salatblatt
1 Scheibe Frühstücksspeck
1 Scheibe Putenbrustaufschnitt
1 Tomate

Vollkorntoast goldbraun toasten und beide Scheiben mit der Mayonnaise bestreichen. Salatblatt waschen, trockentupfen und 1 Scheibe Toast damit belegen.

Frühstücksspeck in einer Pfanne ohne Fett von beiden Seiten kroß anbraten, dann auf das Salatblatt legen und darauf die Putenbrust anrichten.

Die Tomate waschen, den Stielansatz entfernen und das Fruchtfleisch in Scheiben schneiden. Tomatenscheiben auf die Putenbrust legen, dann alles mit der zweiten Toastscheibe bedecken, leicht zusammendrücken und den Toast diagonal in 2 Dreiecke schneiden.
(auf dem Foto)

Frische Champignons, Walnüsse und Schmelzkäse ergeben einen köstlichen Belag, der sich wunderbar für Tramezzini eignet.

TRAMEZZINI MIT CHAMPIGNONS

FÜR 2 TRAMEZZINI
ZUBEREITUNG: CA. 10 MIN.
1 TL gehackte Walnüsse
2 EL Mayonnaise
2 Scheiben Kastenweißbrot
ohne Rinde • 30 g Schmelzkäse
3 frische Champignons
Salz • Pfeffer • 1 Salatblatt

Walnüsse und Mayonnaise miteinander vermischen. Eine Scheibe Weißbrot mit der Walnußmayonnaise, die andere Brotscheibe mit Schmelzkäse bestreichen.

Die Champignons putzen, in dünne Scheiben schneiden und auf den Schmelzkäse legen. Das Ganze leicht salzen und pfeffern, dann das Salatblatt darüberlegen.

Alles mit der zweiten Brotscheibe bedecken, leicht zusammendrücken und diagonal in 2 Dreiecke schneiden.

VARIATIONEN: Probieren Sie das gleiche Rezept einmal mit Frischkäse statt Schmelzkäse und ersetzen Sie die Walnüsse durch gehackte Pistazien.

Je cremiger der Belag ist, um so besser schmecken die Tramezzini. Wer nicht auf die Kalorien achten muß, kann etwas mehr Mayonnaise verwenden.

TRAMEZZINI MIT TOMATEN

FÜR 2 TRAMEZZINI
ZUBEREITUNG: CA. 10 MIN.
1 EL Pinienkerne
2 EL Mayonnaise
2 Scheiben Kastenweißbrot ohne Rinde
2 EL Doppelrahmfrischkäse
1 Tomate
3 frische Champignons
Salz • Pfeffer

Pinienkerne hacken und in einer Pfanne trocken rösten. Mayonnaise und Pinienkerne miteinander vermischen und eine Brotscheibe gleichmäßig mit der Mischung bestreichen.

Auf die zweite Brotscheibe den Doppelrahmfrischkäse streichen. Die Tomate waschen, halbieren, den Stielansatz entfernen und das Fruchtfleisch in Scheiben schneiden. Die Tomatenscheiben auf dem Käse verteilen. Champignons putzen und in dünne Scheiben schneiden. Champignonscheiben auf die Tomaten legen und alles leicht salzen und pfeffern.

Die mit Mayonnaise bestrichene Brotscheibe mit dem Aufstrich nach unten auf das mit Tomaten, Käse und Champignons belegte Brot legen, alles leicht zusammendrücken und diagonal in 4 Dreiecke schneiden.
(auf dem Foto)

Gekochter Schinken weist große Qualitätsunterschiede auf, für Tramezzini sollte man sich ruhig bessere Sorten gönnen. Das folgende Rezept schmeckt auch mit Rinderschinken vorzüglich.

TRAMEZZINI MIT SCHINKEN UND OLIVEN

FÜR 2 TRAMEZZINI
ZUBEREITUNG: CA. 10 MIN.
6 grüne Oliven
2 EL Mayonnaise
2 Scheiben Kastenweißbrot ohne Rinde • Salz • Pfeffer
2 Salatblätter
2 Scheiben gekochter Schinken

Oliven entkernen, fein hacken und unter die Mayonnaise rühren. Beide Brotscheiben mit der Olivenmayonnaise bestreichen, dann den Aufstrich leicht salzen und pfeffern.

Die Salatblätter und den Schinken auf eine der beiden Brotscheiben legen. Alles mit der anderen Brotscheibe bedecken, leicht zusammendrücken und diagonal in 2 Dreiecke schneiden.

TIP: Sie brauchen die Brotrinde nicht bei jeder Brotscheibe einzeln zu entfernen. Legen Sie mehrere Scheiben genau übereinander und schneiden Sie dann die Rinde von allen Scheiben gleichzeitig weg.

In Verbindung mit Tomaten und Schinken schmeckt Rucola besonders köstlich. Nach Belieben können Sie noch jungen Gouda hinzufügen.

TRAMEZZINI MIT RUCOLA

FÜR 2 TRAMEZZINI
ZUBEREITUNG: CA. 5 MIN.
2 Scheiben Kastenweißbrot ohne Rinde
3 EL Mayonnaise
10 Blätter Rucola
1 Tomate • Salz• Pfeffer
1 Scheibe gekochter Schinken

Beide Weißbrotscheiben mit Mayonnaise bestreichen. Die Rucolablätter waschen, trockenschütteln und die eine Scheibe ganz dicht damit belegen, die Blätter dabei über Kreuz legen.

Die Tomate waschen, halbieren, den Stielansatz entfernen und das Fruchtfleisch in Scheiben schneiden. Die Tomatenscheiben über den Rucolabelag geben und leicht salzen und pfeffern.

Den gekochten Schinken auf die Tomaten legen, alles mit der zweiten Brotscheibe bedecken, leicht zusammendrücken und diagonal in 2 Dreiecke schneiden.
(auf dem Foto)

Dieses einfache Sandwich ist leicht zubereitet und läßt sich nach Belieben variieren. Am besten schmecken frische Eier von Hühnern aus Freilandhaltung.

EIER-TRAMEZZINI

FÜR 2 TRAMEZZINI
ZUBEREITUNG: CA. 10 MIN.
1 Ei • 2 Scheiben Kastenweißbrot ohne Rinde
3 EL Mayonnaise
Salz • Pfeffer

Ei in etwa 8 Minuten hart kochen. Inzwischen die beiden Weißbrotscheiben mit Mayonnaise bestreichen.

Das Ei kalt abschrecken, pellen und in Scheiben schneiden. Eine Brotscheibe mit den Eischeiben belegen und mit Salz und Pfeffer bestreuen. Alles mit der zweiten Brotscheibe bedecken, leicht zusammendrücken und das Brot diagonal in 2 Dreiecke schneiden.

VARIATIONEN: Eier-Tramezzini können Sie vielfältig mit weiteren Zutaten belegen. Probieren Sie beispielsweise Tomaten, Schinken, Sardellen oder Kapern. Besonders edel sind Eier-Tramezzini mit Lachskaviar.

Zucchini kann man durchaus auch als Rohkost genießen. Hierbei sollten Sie aber nur junge, kleine Zucchini verwenden. Mit zunehmender Größe verlieren die Früchte an Geschmack.

TRAMEZZINI MIT ZUCCHINI

FÜR 2 TRAMEZZINI
ZUBEREITUNG: CA. 10 MIN.
2 Scheiben Kastenweißbrot ohne Rinde
2 EL Mayonnaise • 1 Tomate
1 kleine Zucchini • Salz
1 Scheibe gekochter Schinken
1 dünne Scheibe Butterkäse

Weißbrotscheiben mit Mayonnaise bestreichen. Tomaten waschen, halbieren, den Stielansatz entfernen und das Fruchtfleisch in dünne Scheiben schneiden. Zucchini waschen, putzen und in sehr dünne Scheiben schneiden.

Eine Brotscheibe abwechselnd mit je einer Lage Tomaten- und je einer Lage Zucchinischeiben belegen. Jede Lage leicht salzen. Über diesen Belag zuerst den Schinken, dann den Käse legen. Das Ganze mit der zweiten Brotscheibe bedecken, leicht zusammendrücken und diagonal in 2 Dreiecke schneiden.
(auf dem Foto)

Die angegebenen Zutaten für die Olivenpaste reichen für 4–6 Tramezzini. Falls Sie noch Olivenpaste übrig haben, können Sie diese einige Tage im Kühlschrank aufbewahren.

TRAMEZZINI MIT OLIVENPASTE

FÜR 2 TRAMEZZINI
ZUBEREITUNG: CA. 20 MIN.
100 g schwarze Oliven
1 Sardellenfilet
1/2 TL gehackter Thymian
1/2 TL gehackter Rosmarin
Olivenöl
1/2 TL gehackte Petersilie
2 Scheiben Kastenweißbrot ohne Rinde
1 EL Mayonnaise
Salz • Pfeffer
1 Scheibe gekochter Schinken
2 Salatblätter

Oliven entkernen, Sardellenfilets etwa 10 Minuten in lauwarmes Wasser legen, damit sie nicht so salzig schmecken. Oliven, Sardellen, Thymian und Rosmarin im Mixer pürieren, dabei soviel Olivenöl dazugeben, bis eine streichfähige Paste entsteht. Dann die gehackte Petersilie unterrühren.

Eine Weißbrotscheibe mit Mayonnaise bestreichen, leicht salzen und pfeffern. Die zweite Brotscheibe mit der Olivenpaste bestreichen. Auf das Brot mit Mayonnaiseaufstrich zuerst 1 Scheibe Schinken, darüber 2 Salatblätter legen.

Das mit der Olivenpaste bestrichene Brot mit dem Aufstrich nach unten auf die andere Brotscheibe legen, alles leicht zusammendrücken und diagonal in 2 Dreiecke schneiden.

Kresse ist reich an wertvollen Mineralien und Vitmaminen. Außerdem ist sie der ideale Muntermacher bei Frühjahrsmüdigkeit!

TRAMEZZINI MIT KRESSE UND PILZEN

Für 2 Tramezzini
Zubereitung: ca. 10 Min.
Ruhezeit: ca. 30 Min.
2 Scheiben Kastenweißbrot ohne Rinde
1 EL Mayonnaise
1 Kästchen Kresse
2 frische Champignons
1 Scheibe gekochter Schinken
Salz • Pfeffer

Beide Weißbrotscheiben mit Mayonnaise bestreichen. Die Kresse mit einer Küchenschere abschneiden, waschen, abtropfen lassen und dann fein hacken. Die Champignons putzen und fein würfeln.

Eine Brotscheibe mit der Kresse bestreuen, dann den gekochten Schinken darüberlegen. Auf dem Schinken die Champignons verteilen, das Ganze salzen und pfeffern. Die zweite Brotscheibe auflegen, alles leicht zusammendrücken und das Brot diagonal in 2 Dreiecke schneiden.

Thunfisch mit Kapern ist eine wunderbare Kombination, sofern man den Geschmack der Blütenknospen des Kapernstrauches schätzt.

THUNFISCH-TRAMEZZINI MIT KAPERN

Für 2 Tramezzini
Zubereitung: ca. 15 Min.
4 schwarze Oliven
1 TL Kapern
1 TL Zitronensaft
Salz • Pfeffer
2 EL Thunfisch aus der Dose
1 TL gehackte Petersilie
2 Scheiben Kastenweißbrot ohne Rinde
1 EL Mayonnaise (z. B. von Hellmann's)
1 Tomate • 1 Salatblatt

Oliven entkernen und zusammen mit den Kapern fein hacken. Oliven und Kapern mit Zitronensaft vermischen, salzen und pfeffern. Den Thunfisch und die Petersilie hinzufügen und alles gut durchmischen.

1 Weißbrotscheibe mit Mayonnaise bestreichen. Die Tomate waschen, den Stielansatz entfernen und das Fruchtfleisch in dünne Scheiben schneiden. Die zweite Weißbrotscheibe mit dem Thunfischaufstrich bestreichen.

Auf den Ausftrich die Tomatenscheiben, dann das Salatblatt legen. Die zweite Brotscheibe auflegen, alles leicht zusammendrücken und das Brot diagonal in 2 Dreiecke schneiden.
(auf dem Foto)

Diese Tramezzini werden bei Ihrer nächsten Party mit Sicherheit ein Renner werden. Sie haben alle alle Eigenschaften, die man sich für einem kleinen Happen wünscht; sie sind saftig und trotzdem knackig, würzig und dennoch mild.

TRAMEZZINI MIT THUNFISCH

FÜR CA. 20 STÜCK
ZUBEREITUNG: CA. 20 MIN.

1 mittelgroße Karotte
1 mittelgroße Zucchini
150 g Thunfisch, aus der Dose im eigenen Saft
100 g Mayonnaise (z. B. von Hellmann's)
Salz • Pfeffer
etwas Zitronensaft
10 Scheiben Sandwich- oder Kastenweißbrot
Kerbel zum Garnieren

Karotte waschen, putzen, schälen und auf einem Gemüsehobel fein raspeln. Die Zucchini waschen, putzen und ebenfalls fein raspeln.

Den Thunfisch auf einem Sieb abtropfen lassen. Dann mit einer Gabel etwas zerpflücken und in der Küchenmaschine oder mit dem Pürierstab zusammen mit der Mayonnaise pürieren.

Die Masse mit Salz, Pfeffer und etwas Zitronensaft abschmecken. Die Karotten- und Zucchiniraspel untermischen.

Die Sandwich- oder Kastenweißbrotscheiben entrinden. 5 davon dick mit der Thunfischmasse bestreichen. Die restlichen Scheiben darauflegen.

Die Brote jeweils in 4 kleine Dreiecke schneiden. Auf einer Platte anrichten und mit Kerbel garnieren.
(auf dem Foto: links vorne)

Radieschen führen häufig völlig zu Unrecht ein Schattendasein. Denn sie sind knackigfrisch, bringen Farbe auf den Tisch, und sind zudem das ganze Jahr über erhältlich.

RADIESCHEN-SCHINKEN-TRAMEZZINI

FÜR CA. 20 STÜCK
ZUBEREITUNG: CA. 20 MIN.
RUHEZEIT: CA. 2 STD.

1 Kastenweißbrot
75 g Radieschen

Weißbrot entrinden und in etwa 1 cm dicke Scheiben schneiden. Die Scheiben zwischen Frischhaltefolie mit einem Nudelholz etwas flachrollen.

Die Radieschen putzen, waschen, trockentupfen und sehr fein würfeln. Den Schinken ebenfalls fein würfeln.

150 g gekochter Schinken
1 Kästchen Kresse
100 g Mayonnaise
(z. B. von Hellmann's)
2 EL Magerquark
Salz • Pfeffer

Die Kresse mit einer Küchenschere abschneiden, auf einem Sieb kalt abbrausen und abtropfen lassen. Radieschen, Schinken, Kresse, Mayonnaise und Magerquark in einer Schüssel gut vermischen. Die Masse mit Salz und Pfeffer abschmecken.

Die Füllung auf die Brotscheiben verteilen. Die Scheiben von der schmalen Seite her aufrollen, fest in Frischhaltefolie verpacken und im Kühlschrank etwa 2 Stunden ruhen lassen. Die Rollen vor dem Servieren in etwa 2 cm dicke Stücke schneiden. *(auf dem Foto: rechts vorne)*

VARIATION:
Zum Garnieren für eine Tramezzini-Platte eignen sich, wie auf unserem Foto, gefüllte Gurkenstücke. Hier sind sie mit Shrimpscocktail gefüllt, Sie können aber auch eine der beiden Tramezzini-Füllungen hineingeben.

Diese Tramezzini kann man sowohl mit Räucherlachs als auch mit Graved Lachs zubereiten. Achten Sie darauf, daß die Lachssorten frisch und nicht zu salzig sind.

TRAMEZZINI MIT LACHS

FÜR 2 TRAMEZZINI
ZUBEREITUNG: CA. 10 MIN.
2 Scheiben Kastenweißbrot ohne Rinde
1 TL weiche Butter
1 EL Mayonnaise
1 hartgekochtes Ei • Salz
2 Scheiben Räucherlachs
einige Basilikumblättchen
grob gemahlener Pfeffer

Brotscheiben zunächst mit Butter, dann mit Mayonnaise bestreichen. Das Ei pellen, in feine Scheiben schneiden und diese auf eine Weißbrotscheibe legen. Das Ei leicht salzen, dann darüber die beiden Lachsscheiben legen.

Den Lachs mit Basilikumblättchen und Pfeffer bestreuen, dann die zweite Brotscheibe auflegen und das Brot diagonal in 2 Dreiecke schneiden.

VARIATION: Diese Tramezzini schmecken besonders gut, wenn man sie zum Schluß von beiden Seiten kurz in einer Pfanne trocken röstet. Wenn Sie es gerne pikant mögen, können Sie den milden Aufstrich durch Zugabe von etwas kleingehackter Pfefferschote würzen.
(auf dem Foto)

Diese Tramezzini sind für den Sommer ideal, sie schmecken frisch und würzig. Nach Belieben können sie etwas gehackte Pfefferschote unter die Creme mischen.

TRAMEZZINI MIT TOMATEN-AVOCADO-CREME

FÜR 2 TRAMEZZINI
ZUBEREITUNG: CA. 15 MIN.
1 Tomate • 1/2 Zwiebel
1 EL Olivenöl • 1 reife Avocado
1 TL Zitronensaft
1/2 Knoblauchzehe
1 TL gehackte Petersilie
Salz • Cayennepfeffer
2 Scheiben Kastenweißbrot ohne Rinde

Tomate heiß überbrühen, enthäuten, den Stielansatz entfernen, entkernen und das Fruchtfleisch fein würfeln. Die Zwiebel schälen und fein hacken, das Olivenöl in einer Pfanne erhitzen und die Zwiebel darin glasig werden lassen.

Avocado halbieren, den Kern herauslösen, das Fruchtfleisch mit einem Teelöffel herausschaben und mit Zitronensaft beträufeln. Den Knoblauch schälen und durch eine Presse drücken.

Das Avocadofruchtfleisch mit einer Gabel zerdrücken und Tomatenwürfel, Zwiebel, Knoblauch und Petersilie daruntermischen. Das Ganze gut verrühren, dann mit Salz und Cayennepfeffer abschmecken. Eine Brotscheibe mit der Tomaten-Avocado-Creme bestreichen, dann die zweite Brotscheibe auflegen, alles leicht zusammendrücken und diagonal in 2 Dreiecke schneiden.

Scampi und Riesengarnelen werden häufig verwechselt, Scampi gehören zur Hummerfamilie und sind teurer als Garnelen.

TRAMEZZINI MIT SCAMPI

Für 2 Tramezzini

Zubereitung: ca. 15 Min.

2 frische Scampi

1 EL Olivenöl

2 Scheiben Kastenweißbrot ohne Rinde

1 TL weiche Butter

1 Salatblatt • Salz

Cayennepfeffer

1 Scheibe Parmaschinken

Scampi unter fließendem Wasser gut waschen. Das Olivenöl in einer kleinen Pfanne erhitzen und die Scampi darin in etwa 5 Minuten garen.

Inzwischen Weißbrotscheiben im auf 250 °C vorgeheizten Backofen oder im Toaster rösten. Beide Scheiben mit Butter bestreichen. Auf die eine Scheibe das Salatblatt legen.

Die Scampi in Köpfe und Schwänze teilen, das Schwanzfleisch aus der Schale lösen, und den dunklen Darm entfernen. Das Scampifleisch längs aufschneiden, auf das Salatblatt legen und mit Salz und einer Prise Cayennepfeffer würzen. Den Parmaschinken darüberlegen und alles mit der zweiten Brotscheibe abdecken. Die Brote leicht zusammendrücken und diagonal in 2 Dreiecke schneiden.
(auf dem Foto)

Ölsardinen sind eine preiswerte und dennoch leckere Grundlage für eine feine Fischcreme. Die Fische vor der Verwendung gut abtropfen lassen.

TRAMEZZINI MIT SARDINENCREME

Für 2 Tramezzini

Zubereitung: ca. 15 Min.

1/2 Schalotte

1/2 Knoblauchzehe

50 g Ölsardinen (gehäutet und ohne Gräten)

1 EL weiche Butter

abgeriebene Schale von 1/2 unbehandelten Zitrone

1 TL Zitronensaft

Salz • Cayennepfeffer

2 Scheiben Kastenweißbrot ohne Rinde

Schalotte und Knoblauch schälen und jeweils fein hacken. Die Sardinen mit der Gabel zerpflücken, dabei eventuelle Gräten entfernen, die Butter dazugeben und das Ganze zu einer feinen Paste vermischen.

Schalotte, Knoblauch, Zitronenschale sowie -saft zu der Paste hinzufügen, alles gut vermischen und mit Salz und Cayennepfeffer abschmecken.

Eine Brotscheibe mit der Paste bestreichen, die zweite Brotscheibe auflegen, alles leicht zusammendrücken und diagonal in 2 Dreiecke schneiden.

Paprikaschoten sind zwar das ganze Jahr über erhältlich, die beste Ware bekommen Sie aber in den Sommermonaten.

TRAMEZZINI MIT PAPRIKASTREIFEN

FÜR 2 TRAMEZZINI
ZUBEREITUNG: CA. 30 MIN.
MARINIEREN: CA. 30 MIN.
1 rote Paprikaschote
1 Knoblauchzehe
1 EL Zitronensaft
Salz • Pfeffer
50 ml Olivenöl
2 EL Pesto (s. Variation)
1 Scheibe Mozzarella
2 Scheiben Kastenweißbrot ohne Rinde

Backofen auf 200 °C vorheizen. Die Paprikaschote waschen und tropfnaß auf ein Backblech legen. Im Ofen rösten, bis die Haut Blasen wirft. Wenden und die andere Seite ebenfalls braten. Aus dem Ofen nehmen, in eine Schüssel legen und mit einem Tuch abdecken, damit die Schote nachdämpfen kann.

Sobald die Paprikaschote abgekühlt ist, die Haut abziehen. Hartnäckige Stellen mit einem scharfen Küchenmesser abschaben. Die Schote halbieren und entkernen, die groben Rippen und den Stielansatz entfernen. Dann beide Hälften in jeweils 4 gleich große Streifen schneiden.

Den Knoblauch schälen und durch eine Presse drücken. Knoblauch, Zitronensaft, Salz, Pfeffer und Olivenöl in einer Schüssel miteinander verrühren und die Paprikastreifen darin etwa 30 Minuten marinieren.

Beide Scheiben Kastenweißbrot mit Pesto bestreichen. Eine Scheibe mit Mozzarella belegen, darüber 4 marinierte Paprikastreifen legen. Alles mit der zweiten Brotscheibe abdecken, leicht zusammendrücken und diagonal in 2 Dreiecke schneiden.

VARIATION: Italienisches Pesto gibt es bei uns als Fertigprodukt im Glas, ist aber fast nur in Feinkostläden erhältlich. Bereiten Sie Ihr Pesto doch einfach selbst zu:
2 Knoblauchzehen schälen, halbieren und in den Mixer geben. 1 Prise Salz, 20 frische Basilikumblätter sowie 3 Eßlöffel gehackte Pinienkerne hinzugeben und alles pürieren. 100 g frisch geriebenen Pecorino (italienischer Hartkäse aus Schafsmilch) unterrühren und zum Schluß nach und nach 150 ml Olivenöl unterarbeiten, bis eine glatte Paste entsteht. Alles mit Salz und Pfeffer abschmecken.

REZEPTVERZEICHNIS